进入旧城区：步行路线 1

从**土墩 (The Mound)** (第 4–5 页) 脚下开始，向上步行穿过土墩区 (Mound Place) 和拉姆齐街 (Ramsay Lane) 抵达爱丁堡城堡广场。

参观完**爱丁堡城堡 (Edinburgh Castle)** 后 (第 6–7 页)，在通向维多利亚大街和**格拉斯市 (Grassmarket)** (第 9 页) 之前，您可漫步于城堡山丘和草地市场 (Lawnmarket) 中 (第 8 页)。

在参观位于商会街的苏格兰国家博物馆 (National Museum of Scotland) 之前，您可以向上沿着烛匠街至**格雷弗利尔斯教堂墓地 (Greyfriars Kirkyard)** (第 10–11 页) (现时博物馆部分区域不对外开放，直至 2011 年才会重新开放)。 左转至南桥然后回到皇家麦尔大道。右转，在抵达圣十字Holyrood (第 14–15 页) 之前，您可以游览一下高街的历史建筑**卡农盖特 (Canongate)** (第 12–13 页)，在那里您将看到圣十字架宫 (Palace of Holyrood-house) 和苏格兰议会大楼。您可以选择在此处游玩嬉戏或在这里选择变向，在步行回到圣十字路之前去**圣十字架公园 (Holyrood Park)** 爬塞尔斯伯里峭壁 (第 16 页)，或向右进入圣玛丽大街、向左进入皇家麦尔大道到达国会广场和**圣伊莱斯大教堂 (St Giles' Cathedral)** (第 17 页)。沿着圣伊莱斯大街和北方银行大街 回到土墩。

新城观光: 步行路线 2

从**王子大街 (Princes Street)** 的斯科特纪念碑开始 (第 20 – 21 页)，步行通过西王子大街花园后拐入弗雷德里克大街和乔治大街，到达**夏洛特广场 (Charlotte Square)** (第 22 页)。

途经**夏洛特大街 (Charlotte Street)** 和弗雷斯大街到达**莫瑞区 (Moray Place)** 和**皇家马戏团 (Royal Circus)** (第 23 页)，进入新城。在向上行至皇后大街 (Queen Street) 和圣安德鲁广场 (St Andrew Square) (第 24 页) 之前，您可能想去离奇的**史塔克布里奇村 (Stockbridge)** (第 26 页)，并沿着利思河到达皇家植物园。也可顺道游览**迪安村 (Dean Village)** (第 25 页) 以及参观这里的两个著名画廊。第三个选择是在返回到王子大街和您的出发点之前，从圣安德鲁广场沿着滑铁卢区，经过短暂的爬山到达**卡尔顿山 (Calton Hill)** (第 27 页)。

欢迎来到爱丁堡

经过几个世纪的努力，卓越的人们塑造了这座城市，并赋予其无与伦比的环境，爱丁堡拥有一切优越资源 — 历史、浪漫、苏格兰文化和传统，并融合了21世纪的魅力和精华，这一切让游客流连往返于爱丁堡。风笛发出的尖锐声音、老城区皇家麦尔大街的房屋和黑色围场、爱丁堡城堡广袤的灰色草坪，带您回到了几个世纪以前的场景。新城区乔治王朝的优雅之风在商店、咖啡厅、餐馆、艺术画廊和绿色空间被放大。游客环游其中，参加爱丁堡的音乐、科学、文化和其它

科学、文化和其它艺术节日。
这座城市的历史和文化、精彩
和艺术使之成为世界上最受喜
爱的地方之一。

从爱丁堡城堡眺望

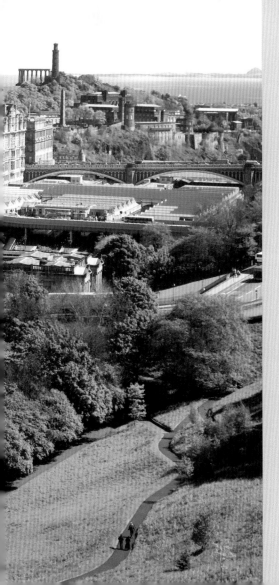

历史简介

爱丁堡城堡所在的火山岩自从铜器时代便
已经存在了。实际上，鼎爱丁 (Din Eidyn)
有三面固若金汤，是山丘上的堡垒，是控
制这个地区的关键。公元 7 世纪中叶，诺
森伯兰人占领了这块高地，并改名爱丁堡。
在 1070 年，国王马尔科姆三世和他的皇
后玛格丽特将这座城堡建成了他们的家，
之后的君主也在这里建立王朝。他们的儿
子国王大卫一世于 1128 年在多岩的斜坡
底部建立了圣德鲁大教堂。之后进行了许
多反抗英格兰的独立战争。"苏格兰之锤"
('Hammer of the Scots') 爱德华一世在
1296 年洗劫了这座城堡。但苏格兰国王
罗伯特布鲁斯组建了一支勇敢的部队袭击
了这座城堡，并取得了胜利。

在 15 世纪，苏格兰的首都迁至爱丁堡。
16 世纪初，圣十字架宫 (Holyrood) 已经
成为了苏格兰皇室首选的宫殿住宅，而且
这是随后在这个世纪苏格兰女王玛莉传奇
般人生的演出地。在 1746 年，二世党人
的决定性起义之后，于 1707 年颁布的联
合法案见证了苏格兰议会的解散，爱丁堡
进入了和平和安全时期，这一时期涌现了
许多作家、思想家和科学家的著作。

这座城市也就是现在的旧城区，过度拥挤
成为急待解决的问题，于是在 1767 年基
于建筑师詹姆士·克雷格的设计开始了新
城区的建设。20 世纪见证了爱丁堡节于
1947 年设立，而备受称赞的苏格兰国家博
物馆于 1998 年在这里对外开放。1999 年，
苏格兰恢复了其议会，新世纪之初，人们
对这座美丽的北方城市产生兴趣，建筑上
备受争议的苏格兰议会大楼于 2004 年对
外开放。

土墩 *(The Mound)*

当您站在土墩山脚下时，您位于新老城区之间。直到 18 世纪中叶，老城区仍是一派高耸的房屋悬立于狭窄街道两旁、小巷和院落交织成网状的景象，而这正是老百姓居住和工作的地方。令人难以置信的是，美丽的王子大街花园位于腐臭的沼泽地北湖 (Nor'Loch)，此处正是大家丢弃废弃物的地方。1759 年，为了准备建造新城区，沼泽地被排干，并将王子大街地基的泥土填入。

亨利·雷班 *(Henry Raeburn)* 爵士的作品
"在 *Duddingston* 海湾溜冰"

苏格兰国家画廊 (National Gallery of Scotland)

两座世界级的画廊连接着一座壮丽的走廊，俯瞰着王子大街花园。国家画廊收藏的著名艺术作品被放在小房间里，因而很容易选择您想看的收藏品。参观是免费的，因此很值得进行短暂的参观。从一楼 16 世纪意大利画家的收藏品到法国印象派作家和 (Antonio Canova) 的美惠三女神 *(The Three Graces)*，您可以欣赏到诸多画作。画廊偶尔还展出不易保存的收藏品－特纳的水彩画。

苏格兰皇家学院 (Royal Scottish Academy)

由威廉·布雷费尔 (William Playfair) 设计，由于它与国家画廊 (National Gallery) 相连，苏格兰皇家学院有定期的主要艺术品展出项目。

苏格兰国家画廊与苏格兰皇家艺术院

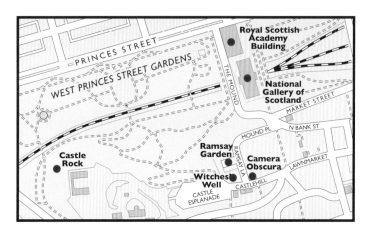

城堡岩 (Castle Rock)

城堡岩是一座长期死火山，由许多冰层经过数百万年的作用形成，因而以"峭壁和尾状物"的构成而著名。火山在3亿5千万年前爆发，冷却成为非常坚硬的岩石。经过几个冰河世纪，冻结的水在坚硬的峭石上－形成"峭壁"－雕刻出山谷，也就是王子大街花园现在所在地，并在其东部形成了柔软的水成岩"尾巴"（皇家麦尔大道和老城区）。

拉姆齐花园 (Ramsay Garden)

当您在山岗上休息时，您将看见一排与众不同的红白相间的公寓正对着福斯湾 (Firth of Forth)。拉姆齐花园 (Ramsay Garden) 以居住在这里的爱丁堡诗人艾伦·拉姆齐 (Allan Ramsay) (1686–1758) 命名，由世界著名城镇规划师帕屈克·杰德斯 (Patrick Geddes) 于19世纪80年代建造。

白或黑魔法？

在城堡山丘顶部铁墙喷泉的面板上铭记了一段历史，300名女人被当作女巫在这里被烧死。善恶之脸，就如蛇和指顶花，体现出魔法的双面本质。

暗房乐团与圣伊莱斯大教堂（参见第17页）

暗房乐团 (Camera Obscura)

尽管除了城市的基本投影之外还有有许多可观之处，但这并不是现代人的想法。您可以通过屋顶望镜观看，享受画廊幻境、全息摄影、3D都市风景，并俯瞰维多利亚爱丁堡。1853年在"眺望塔 (Outlook Tower)"中设立了第一个暗房乐团，之后帕屈克·杰德斯 (Patrick Geddes) 爵士于1892年额外增加了两层楼。

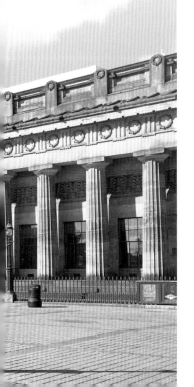

爱丁堡城堡 (Edinburgh Castle)

"犯我者必受惩 (Nemo Me Impune Lacessit)"
(意译为"无人可以侵犯我，也无人能侥幸
成功")被大胆地雕刻在进入这座无法攻取
的要塞的伟大的门楼上，位于峭壁岩石的顶
部。这些话语警告了入侵者，同时也意味着
该城堡几个世纪以来处在痛苦和血腥的斗争
中心。这座城堡于 1745 年沦陷，当时邦妮查
理王子未能成功收回苏格兰王座。

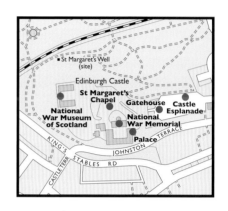

城堡游憩场和门楼
(Castle Esplanade and Gatehouse)

这里是举行庆典仪式的场所，
每年的军乐节都在这里举行。
游憩场于 1753 年建造，具有
默认敌对状态结束的意义。
两位伟大的领袖分别站在庄重
的门楼两侧，这是穿过岩石
隧道进入城堡的门户。他们是
威廉·华莱士，13 世纪领导
苏格兰反抗英格兰入侵的
领袖，以及罗伯特·布鲁斯，
1313 年从英格兰手中夺回城
堡并迅速摧毁城堡使它不再
被占领的领袖。

门楼

宫殿 (The Palace)

这是建筑群的核心，高高地建造在岩石上。门上方盘绕
的是苏格兰女王玛丽和她的第二任丈夫达恩利君主 (Lord
Darnley) 的词首大写字母。您可以参观玛丽生下英格兰和
苏格兰未来国王詹姆士的小屋。经常需要排队参观这份
"荣誉"，苏格兰的王冠宝石—节杖、宝剑和宝石—装饰为
詹姆士五世的王冠，并结合罗伯特布鲁 (Robert the Bruce) 的
细金项圈—以及命运宝石，据说在早期苏格兰国王王冠上已
佩戴过。

芒斯蒙哥大炮
(Mons Meg)

这种攻城加农炮射出的石头
炮弹射程约 1.5 里（2.5 千
米）。在 1861 年最后一次
点火时，炮筒爆炸，目前
展出。

宇宙大爆炸

每天一点钟（周一到周六）
您将会准时听到很大的报
点声回响在城市中。那是
著名的一点钟炮，您可以
在城堡内观看米尔斯忙特
炮台 (Mills Mount battery)
点放礼炮。

宫殿

苏格兰国家战争纪念馆

苏格兰国家战争博物馆
(National War Museum of Scotland)

这里是战斗中苏格兰士兵作战时的生命。这里有动人的战斗檄文、装有军人约翰·摩尔男爵 (Sir John Moore) 头发的纪念品盒、查尔斯乌尔夫不朽的诗篇"听见的不是鼓声，不是葬礼的祈祷……"以及罗伯特·吉布斯 (Robert Gibb) 著名的油画《红色警戒》(The Thin Red Line)，表明了巴拉克拉法帽战斗中勇敢的高地军团。在城堡的别处您可以了解苏格兰骑兵护卫队和苏格兰皇家军团 (Royal Scots Regiment)。城堡是第 52 步兵旅的总部。苏格兰国家战争纪念馆位于旧兵营中，已经修建成纪念在两次世界大战中失去生命的苏格兰人的纪念馆。

圣玛格丽特教堂 (St Margaret's Chapel)
这座 12 世纪建成的教堂是国王大卫一世为了纪念他的母亲而（后来被追封为玛格丽特女王）建造。

一点钟炮

草地市场与格拉斯市场

(Lawnmarket and Grassmarket)

这里是皇家麦尔大道最初的两个部分，它们将爱丁堡城堡与圣十字架宫连接起来。老城区的中枢在这里变得狭窄而陡峭，这也是世界史上最著名的街道之一，在这里，杀人犯与皇室以及政客和富商比邻而居。格拉斯市场曾经有小偷和偷尸者神出鬼没，但现在是这座城市里很安全的区域。您将注意到从皇家麦尔大道到格拉斯市场街道水平线的变化，这是冰河时代侵蚀的结果。

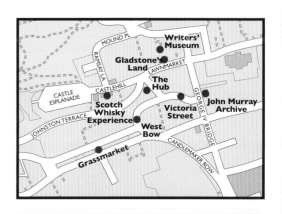

体验苏格兰威士忌酒
(The Scotch Whisky Experience)

这里有一个友好的幽灵，一辆灌装马车运载着威士忌制造的历史，一杯免费的威士忌将告诉您许多关于苏格兰最著名产业之一的信息。如果您喜欢稀有威士忌，您将会在这里买到稀有威士忌。

作家博物馆 (The Writers' Museum)

这座重建的大厦曾一度属于闻名的上流名媛史蒂夫人 (Lady Stair)，现在则已经变成了一座博物馆，用于纪念罗伯特·伯恩斯(Robert Burns)、罗伯特·路易斯·斯蒂芬森 (Robert Louis Stephenson) 及沃尔特·斯科特爵士 (Sir Walter Scott) 的生活和著作。

格拉德斯通房产 (Gladstone's Land)

这座六层高的房屋是 17 世纪早期富商格列史丹斯 (Thomas Gledstanes) 的家。他改变了一层的建筑机构，创建了拱石外观，并居住在其中的一层内，其余的楼层则出租。现在苏格兰国家信托 (National Trust of Scotland) 已经将其重建，您可以参观最下面的两层。

中枢

中枢 (The Hub)

看看这座让人印象深刻的建筑，Castlehill 连接 Johnston Terrace 之处。尖顶由普金 (Pugin) 设计，是爱丁堡的最高建筑，但它并不是教堂。它是多姿多彩爱丁堡节的控制中心和售票处，这里曾经是苏格兰教堂的组装大厅。

西弯 (West Bow) 的巫师

主教托马斯·韦尔 (Thomas Weir) 挥动着他的雕刻荆棘拐杖，在 17 世界时居住在西弯 (West Bow)。他领导祈祷者，过着看似无可厚非的生活。但他突然承认了兽性、乱伦和魔力的秘密生活。西湾的男巫，据说他的灵魂徘徊在爱丁堡的街道上，他是这座城市中最后一个因使用巫术而被烧死的人。

John Murray 档案

这些信和文件可以在苏格兰国家图书馆关于乔治四世桥 (George IV Bridge) 看到。作家和思想家例如简·奥斯丁 (Jane Austen)、查尔斯·达尔文 (Charles Darwin) 和大卫·利文斯敦 (David Livingstone)，都被默里公布，并保存了信件和手稿。档案中有拜伦 (Byron) 收藏品，包括这位诗人写给他的朋友、家人和情妇的书信。

作家博物馆

维多利亚大街

维多利亚大街和西弯
(Victoria Street and West Bow)

尽管这条引人入胜的弯曲街道现在是著名的商店、餐馆和咖啡馆林立，但在 19 世纪当老城区的大部分变成了犯罪猖獗的贫民窟时，它曾经就处于那种状况。

格拉斯市场

格拉斯市场 (Grassmarket)

这个树叶茂盛的广场曾是这座城市声名狼藉的区域，当时偷尸者 Burke 和 Hare 在这里谋杀并出卖尸体用于解剖。这里也有公开执行的死刑，酒吧的名字"最后一滴"正是对那个时代冷酷的提醒。

格雷弗利尔斯教堂墓地
(Greyfriars Kirkyard)

这里您可以领略到诸多爱丁堡的历史。格雷弗利尔斯教堂墓地是苏格兰名人被埋葬的地方—也是平凡的苏格兰人并肩防卫他们的长老制宗教之地。人们来这里主要是为来了可怜的忠狗巴比。穿过著名的苏格兰国家博物馆大道，您就能知道这个国家的文化、人民、传统和这块土地本身的所有一切。

忠狗巴比
(Greyfriars Bobby)
这是一处会让您流泪的地方。这是一座巴比的小雕像，一只聪明的小斯凯狗，它与它的夜班警卫主人约翰·格雷 (John Gray) 一起工作。1858 年格雷死后被埋葬在这里的苏格兰教会（墓地）。巴比站着为他主人的坟墓守夜 14 年，最后直到死亡让他们团聚。

格雷弗利尔斯教堂墓地

忠狗巴比

格雷弗利尔斯教堂墓地 (Greyfriars Kirkyard)
1638 年在这里，贵族、大臣和 5000 市民排列成队签署国民盟约，反对查尔斯一世对在英格兰教堂的英国祈祷书和英国主教征税的决定。这场斗争持续了几十年，而且您将看到 1200 名契约者于 1679 年在这里被关进监狱的纪念碑。许多人死了或被执行了死刑。最华丽的坟墓之一就是 18 世纪伟大的建筑师亚当斯 (Adams) 兄弟的坟墓。爱丁堡新城的设计者詹姆士克雷格 (James Craig) 也被埋葬在这里。

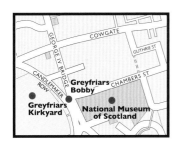

夜生活

当您通过南桥 (South Bridge) 来到皇家麦尔大道时，向下看看在深谷中从圣十字通向格拉斯市場的考盖特 (Cowgate) 区域。许多城市俱乐部都设在这里，而这片白天略显荒凉的区域在夜幕降临时则苏醒过来。

刘易斯的国际象棋棋子

苏格兰国家博物馆 (National Museum of Scotland)

进入这座壮丽的砂岩建筑，穿过一座圆塔，您将看到许多展示空间，开始是一大块苏格兰最古老的刘易斯片麻岩。爱丁堡雕刻家爱德华·多保罗齐 (Eduardo Paolozzi) 制作了这些非比寻常的青铜图像，每个玻璃门前的图像都展示了早期的彩色项毛圈、项链、手镯和胸针。也有宝藏储藏，并且您将见到著名的国际象棋大师刘易斯 (Lewis) 的雕像，由海象牙雕刻而成。另一位爱丁堡艺术家安迪·高兹渥斯 (Andy Goldsworthy) 创立了一面完美的石板墙，并且一具完整的鲸骨架被完整地安置在此。博物馆与优雅的维多利亚建筑相连，有内设鱼池、锻铁和盛大的画廊，您可以花上一个下午参观这里的美妙景致。您可以试着在主大厅非凡的新歌特式世纪钟活动的时候去参观。现时博物馆部分区域不对外开放，直至 2011 年才会重新开放。

苏格兰国家博物馆爱德华·多保罗齐的青铜图案

卡农盖特 *(Canongate)*

您通过南桥重新来到皇家麦尔大道，此桥建于 1785 到 1788 年间，横跨深谷的是考盖特，可以让每一个人更容易从南部进入这座城市。皇家麦尔大街的这部分有许多可供参观的地方，当您沿着卡农盖特 (Canongate) 走向圣十字 和苏格兰议会大楼时，会变得不是那么拥挤和繁忙。

故事讲述中心

苏格兰故事讲述中心和约翰·诺克斯住宅
(The Scottish Storytelling Centre and John Knox House)

在最精彩的地方的一块面板上写道"故事的讲述是用眼神与眼神的交流、思维与思维的碰撞以及心与心的沟通来进行的。"不仅儿童，而且成年人也会到这里来娱乐和增加见识。打开故事墙 (Story Wall) 上的橱窗，按下按钮便可听一些苏格兰最富感染力的故事了。旅游团可以预定茅屋故事讲座。离此最近的便是约翰·诺克斯之家 (John Knox House)，虽然有疑问约翰·诺克斯本人是否在此常住过。故事讲述中心同时也是 George Mackay Brown 图书馆。

约翰·若克斯住宅

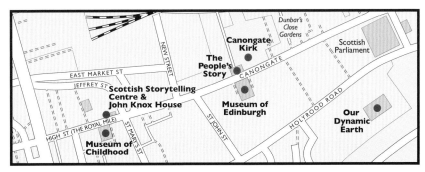

庭院、狭巷与庭院

狭窄的过道有时通向拓宽的庭院，有时作为路径，通向皇家麦尔大道的两边。您将看到许多过道上都有题字 —— 佩斯利庭院 (Paisley Close) 将一位年轻人的半生像放在拱门上，题字是 "Heave awa' chaps, I'm no dead yet"。这就是当一座房屋倒塌后营救者通过这些碎石时这位青年哭述的内容。邓巴庭院 (Dunbar's Close) 通向一片平静秘密的花园，然而许多庭院，例如倡导者庭院则面向新城。

童年博物馆
(Museum of Childhood)

在这里您会看到历史记录并进入一段您自己、您父母以及您祖父母过去的怀旧旅途。过去多年的玩偶、茶具、连衫衬裤以及发出玫瑰色彩的火车玩具，而且您能找到 20 世纪 50 年代爱丁堡儿童玩的街道游戏。这座博物馆，据说是一个不喜欢小孩的人、镇议会议员帕特里克·默里 (Patrick Murray) 空想的产物，于 1955 年开放。

童年博物馆

卡农盖特教会与人民的故事 (The People's Story and Canongate Kirk)

在卡农盖特牢狱 (Canongate Tolbooth) 中，在不同的参议会办公室和监狱，您将发现老城区平凡人们的生动具体传说。舞台场面、唱片及展示材料使爱丁堡人超过 200 年的租房生活风格苏醒过来。隔壁是卡农盖特教会 (Canongate Kirk)，是诗人罗比·伯恩斯 (Robbie Burns) 的缪斯女神"克拉琳达"(Agnes Maclehose) 埋葬的地方。

爱丁堡博物馆 (Museum of Edinburgh)

每天讲述爱丁堡地方历史故事，包括忠狗巴比的项圈和碗，都在这里展出。

我们的动感地球
(Our Dynamic Earth)

18 世纪爱丁堡的地质学者约翰·赫顿 (John Hutton)，是第一位量测地球演变时间表的人，并且这座光辉的建筑及其非凡自然现象的重新创造，以他的名义建造成为千年工程。

我们的动态地球

圣十字 *(Holyrood)*

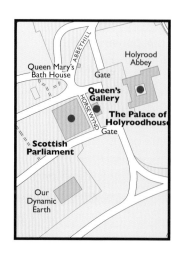

这里古代与现代建筑并排矗立。皇室家族在詹姆士二世 (James II) 时逃亡的地方圣十字架宫 Palace of Holyroodhouse 是古老的建筑，而苏格兰议会大楼有时则可能是一座令人难忘的建筑，体现了 21 世纪的风格。

圣十字架宫 (The Palace of Holyroodhouse)

圣十字架宫 (Holyrood Palace) 与伟大的爱丁堡城堡的要塞相对，位于山脚一英里之处。宫殿被建在荒废的圣鲁德大教堂 (Holyrood Abbey) 上面，由国王大卫一世 (King David I) 在打猎事件后于 1128 年建立，因此故事继续发展，当攻击的牡鹿变成神圣的十字架（交叉）时牧师命令强迫他建立了修道院。宫殿随后建立并且皇室家族从经常寒冷的城堡迁移到了更加舒适的神圣十字架的环境中。现在在苏格兰它仍然是官邸住宅。国家公寓向公众开放，由于较古老的房间层被苏格兰女王玛丽居住过 — 一个放满她的刺绣的房间和一个小房间（在此，她妒忌的丈夫达恩利君主在与玛丽和她的仕女一起打牌时，安排了致命的刺杀大卫李吉欧 (David Rizzio) 事件。）

悲剧女王

成为女王仅一周，17 岁成为寡妇，才貌双全的天主教徒苏格兰女王玛丽 (Mary) 于 1565 年与自私的达恩里勋爵 (Lord Darnley) 结婚。一年后，在达恩利被谋杀前他们的儿子詹姆士 (James) 诞生了。玛丽很快与达恩利死亡的主要疑凶博思韦尔 (Bothwell) 伯爵结婚。这件丑闻迫使她退位并被判入狱 19 年，到 1587 年当玛丽 44 岁时，女王伊丽莎白一世 (Queen Elizabeth I) 签署死刑执行令。

圣十字架宫

女王的画廊
(The Queen's Gallery)
这里提供了在一座著名建筑中描绘皇家藏品的机会，建筑本身就是一部艺术作品，是由手工匠和妇女用自然材料加上丰富的想象力和装饰能力制作而成的。在 2002 年为了庆祝 HM 女王的五十周年纪念而开放，它位于圣十字架自由教会和格登公爵夫人学校。拱石入口处装饰了雕刻着野花的花环，包括玫瑰和蓟，同时门上则装有形状如天然树枝的铰链，包括橡树、栗子、金链花、欧洲花楸和山楂。内部屏风的把手上有小雕像，并且用弯曲的木制楼梯来代表人们的腿。

女王的画廊通道

苏格兰议会大楼
(Scottish Parliament)
这座富有争议的、耗资 4.31 亿英镑的建筑物，由加泰罗尼亚 (Catalan) 建筑师安立克·米拉耶斯 (Enric Miralles) 设计，这绝对是您不应该忽视的一座建筑。它代表了一座充满翻船的海港，并且在英国是最受喜爱或最不受喜欢的建筑，这取决于您所读到的民意测验。米拉耶斯在这座建筑完成之前就去世了。在大多数时候，参观公共区域或商店和咖啡店不需门票，但您要为导游付费。出了这栋建筑，您将会在其墙壁上雕刻的谚语和格言中找到精神食粮。

when we had a king and a chancellor, and parliament men o'our ain, we could aye peeble them wi' stanes when they werena gude bairns. But naebody's nails can reach the length o' Lunnon.

Walter Scott

苏格兰议会大楼

圣十字架公园

(Holyrood Park)

索尔兹伯里峭壁与亚瑟的宝座

当您开始盘绕步行向上到达索尔兹伯里峭壁 (Salisbury Crags) 时，经过雕刻家罗纳德·雷 (Ronald Rae) 的苏格兰狮子 (Lion of Scotland) 雕像时，您将感到难以置信您处在一座主要欧洲城市的中间。一幅多峭壁的苏格兰风景，包括山丘、海湾以及起伏的高沼地伸展在您的面前。

圣十字架公园
(Holyrood Park)

这里有 650 块高低不平的大片田地，最高处的亚瑟宝座 —— 一座高达 254 米（832 英尺）的死火山而且貌似一头蹲伏着的狮子。这片土地由超过 3 亿 4 千万年前的火山活动形成，并且成为住家社区已有 1 万年的历史了。这里有四座山丘城堡，七口圣井以及古代聚居区遗迹。

索尔兹伯里峭壁
(Salisbury Crags)

一路通向索尔兹伯里峭壁 (Salisbury Crags) 的小路以"激进的道路"(Radical Road) 著称，它于 1820 年由一组被认为持有激进观点的失业织布工人建造。峭壁由于火山爆发而形成，但比亚瑟的宝座年轻 2500 万年。从高耸的岩石您能看到中洛锡安 (Midlothian) 和通向南部的边界、通向西部的富斯湾 (Firth of Forth)、通向北部的法夫 (Fife) 以及通向东部的北海。

雷的"苏格兰狮子"

圣伊莱斯大教堂

(St Giles' Cathedral)

在这座广场，您将会看到圣伊莱斯的高级苏格兰教会，尽管它没有主教，但常常被人们称为大教堂。当律师急跑过国会广场去法庭时，旅游者们却盯着这些壮丽的建筑、雕像和纪念碑。

爱丁堡高级苏格兰教会 — 圣伊莱斯大教堂 (St Giles' Cathedral, the High Kirk of Edinburgh)

尽管主要在 15 世纪流行，但圣伊莱斯大教堂具有与众不同的尖塔，至少从公元 854 年开始，人们已经在这里拜神。内部是苏格兰名人纪念馆，包括罗伯特·路易斯·史蒂文森 (Robert Louis Stevenson) （斜靠在躺椅上）、蒙特罗斯 (Montrose) 侯爵和他仇恨的敌人阿盖尔公爵 (Duke of Argyll) 第 8 世，两者都在外面的墨卡特十字架 (Mercat Cross) 被处死。不要错过罗伯特·洛里莫 (Robert Lorimer) 华丽雕刻的美丽小蓟礼拜堂。

金钱、金钱、金钱！

土墩博物馆由 HBOS 有限公司于 2007 年开设，以展示银行业的历史。在这里您可以看到一百万英镑实际上是什么样子，并想设法将保险柜破开。

国会广场 (Parliament Square)

该广场曾经是墓地，埋葬激进改革家约翰·若克斯 (John Knox) 的地方，尽管无人知晓确切的埋葬地点。雕像则是查尔斯二世。国会大楼是苏格兰议会所在地，直到 1707 年国会被解散，成为高等法院综合处。大厅内有悬臂梁房顶和魁伟的彩色玻璃窗，让人印象深刻。

国会广场

幸运心

不要践踏米德洛锡安监狱 (Heart of Midlothian)，它是位于圣伊莱斯高级苏格兰教会前面地上的一块石头样品。它标志着严酷的场所，那里是城市监狱曾经所在的地方。苏格兰人倔强地向这颗心吐唾沫以获得好运。

17

爱丁堡节
(The Edinburgh Festival)

爱丁堡节是一个 性 语，用于描述每年八月风靡整座城市的文化冲击波。爱丁堡国际艺术节作为人类精神如花开放的平台始于 1947 年。很快其它节日相继涌现，尤其是边缘艺术节和爱丁堡国际书展、爱丁堡爵士蓝调节和爱丁堡国际电影节。现在在爱丁堡城堡举行的节日包括歌剧、芭蕾、音乐和戏剧及军乐表演 — 以及单独的书籍、爵士乐和蓝调、电影和电视国际节。

中枢，艺术节售票处

街头表演

边缘艺术节 (The Fringe)

当首届爱丁堡艺术节举办时，几个未经邀请的戏剧小组出现在现场，并自己找到场地进行表演。一位报纸评论家写到优秀的节目出现在官方节日"边缘周围（'around the fringes'）"，由此边缘艺术节诞生了。现在这座城市每年在大约 260 处场所，有大约 17,000 位表演者参加，令观众眼花缭乱。

边缘艺术节是世界上最大的艺术活动，对任何有组织的能够到达这座城市并找到场地的表演者开放。节目包括戏剧、喜剧、音乐、儿童戏剧、舞蹈、展会以及许多不容易归类的活动。如果您无法购到票看演出，您可以在夏天时在爱丁堡欣赏许多街道表演者的一些节目。

喜剧表演，边缘节

其它活动 (Other events)

本艺术节包括一年中的其它时间举行的活动：如新年 4 天的除夕庆祝活动、四月的科技节 (Science Festival)、5 月的儿童戏剧节 (Children's Theatre Festival) 以及九月的迷拉嘉年华（一个多元文化艺术庆祝活动）。

爱丁堡军乐节
(Edinburgh Military Tattoo)

从 1950 年开始，已有超过 1200 万人观看了在城堡空地进行的引人入胜且容易唤起人们热情的表演。整个八月，人们在黄昏时分聚集在通向城堡的狭窄街道上。当人们入座后，灯火通明，随着夜色的漫布，城堡壮观的橡树门被打开，风笛和鼓声奏响，众多乐队也聚集到吊桥上。音乐、舞蹈和引人入胜的展览接踵而至，直到孤独的风笛手出现在高高的城堡壁垒上奏响让人难以忘怀结束曲为止。

爱丁堡军乐队

王子大街 *(Princes Street)*

这条长长的林荫大道，曾是一个专属性居住区，拥有世界上最著名的景观。商店统一位于街道的一侧，这样您可以透过美丽的花园看到对面的老城区、尖顶轮廓、塔楼以及与众不同的建筑都被巨大的花岗岩堡垒 — 爱丁堡城堡所保护。

苏格兰纪念碑
(Scott Monument)

韦佛利车站 (Waverley Station) 是以 1814 年出版的华特·史考特爵士 (Sir Walter Scott) 著名小说 Waverley 命名。车站附近就有大理石伟人的雕塑，中心区据说对任何作家来说都是世界上最大的纪念馆中心。史考特与他的猎鹿犬 Maida 一起，被他小说人物的小雕像包围着。这座大厦高达 183 米（200 英尺），并且能通过螺旋梯攀爬上去。

斯科特纪念碑

詹纳斯百货公司

詹纳斯百货公司
(Jenners)

这座爱丁堡公共机构曾经是世界上最古老的独立百货公司，并保留了它独特的风格。观看其华丽的外表可以看出女性似乎支持着上层的建筑—献给所有通过购物帮助它发展的女性的一份礼物。

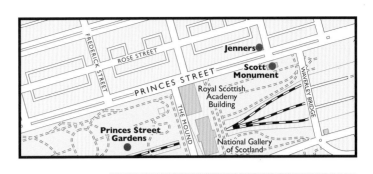

王子大街花园
(Princes Street Gardens)

北湖作为老城区的防御设施
创建于 1460 年，很难相信
这片区域曾经充满大量恶臭
的污水。每个人都在这里
倾倒垃圾。但是当新城建成时，它被排干填
满，于 1818 年被建成一处私人花园。60年
后，这座花园向公众开放。您可以闲逛、坐
下休息、在罗斯音乐台 (Ross Bandstand) 享
受一场音乐会，还可以欣赏配有机械布谷鸟
的植物钟。这座花园散布着很多纪念碑，其
中包括纪念探险家大卫·利文斯敦 (David
Livingstone)、出版商亚当·布莱克 (Adam
Black)、诗人艾伦·拉姆齐 (Allan Ramsay) 以
及苏格兰皇家灰部队 (Royal Scots Greys)。
您会听到火车进出韦佛利车站车站时发出的
隆隆声，但它们在地面深处，您是看不到
火车的。

伟大的设计

圣安德鲁广场 (St Andrew Square) 苏格兰
皇家银行 (Royal Bank of Scotland) 的内墙
上设有匾额，标志着年轻设计师詹姆士·
克雷格 (James Craig) 对爱丁堡新城雄伟
设计方案的开始。"新城"一词是相对而言
的，由于工作始于 1767 年，当时克雷格
赢得一场竞赛，为拥挤不堪使许多人生活
不舒适的这座城市修建"另一半"。其他设
计师，包括亚当 (Adam) 兄弟，完成了克雷
格已经开始的工作，并成为欧洲最大的乔治
王朝式建筑。

老城轮廓

夏洛特广场 (Charlotte Square)

新城地图显示出两个壮丽广场整齐的格子布局，其中圣安德鲁广场在东边，夏洛特广场在西边。乔治大街贯穿其间，而王子大街和皇后街则形成了建筑大师克雷格初始规划的边界线。

乔治大街 (George Street)

花点时间逛逛玫瑰大街 (Rose Street) 和其它与乔治大街 (George Street) 平行的街道吧；其中充满了有趣的商店和历史悠久的"住宅"（客栈），例如玫瑰大街 (Rose Street) 的米尔恩酒吧 (Milnes Bar)。乔治大街本身座落在山脊上，两侧排列着精品商店。圣安德鲁和圣乔治教堂 (St George) 是椭圆形的（目的在于阻止潜伏在角落里的邪恶）。在十字路口您将发现盛大的雕像和在爱丁堡城堡和富斯湾经常意想不到的风景。

阿尔伯特纪念碑，夏洛特广场

夏洛特广场
(Charlotte Square)

这是詹姆斯·克雷格 (James Craig) 修建规划的最后一部分，于 1791 年由罗伯特·亚当 (Robert Adam) 设计。由西部户籍注册馆 (West Register House) 负责管理，西部户籍注册馆是展出历史和规划的地方，而且广场富丽堂皇的房屋让人非常难忘。绿荫公园的中心座落着巨大的阿尔伯特纪念碑，体现出作为骑师、丈夫、父亲和政治家的风范。维多利亚女王据说非常欣赏这里，并立即授予 John Steell 骑士雕塑家的称号。

乔治亚时代的房屋

乔治王朝住所

苏格兰国家信托已经按照它的时代风格修复了第 7 座建筑，而穿过广场他们在第 28 座建筑处开设了咖啡馆和小型艺术画廊。

莫瑞区和皇家马戏团 (Moray Place and Royal Circus)

新城的街道是寻找乐趣的好去处。安静、宽阔、优雅并且和谐,并有绿色空间点缀其间。大多数昂贵的设施都是居住性的,但商店、酒吧和餐馆是开放的,使大家都能到这个区域。当您已经参观完这些街道后,您可能想要参观一下非凡的史塔克布里奇聚居区及皇家植物花园(参见第 26 页)。

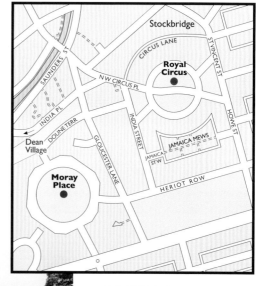

莫瑞区

莫瑞区
(Moray Place)

这个显赫的 12 面的多利安式马戏团,就像西南的 Ainslie Place 和 Randolph Crescent,是新城开发最后阶段最壮丽的地方,由 Moray 伯爵在 1822 年之后的三十年内建成。街道和新城的许多地方一样铺上了鹅卵石。中央花园是私有的,而在北边莫瑞区银行花园下坡至利思河。伯爵是如此喜爱它,因而迁居进第 28 号处所。

皇家马戏团
(Royal Circus)

这座带有中央花园的宏伟圆形建筑,在建筑上与大国王大街 (Great King Street) 和德拉蒙德区相连,于 1820 年完工。在您走进印度大街 (India Street) 观光荷里奥街 (Heriot Row) 之前,请注意这里是罗伯特·路易斯·斯蒂芬森 (Robert Louis Stevenson) 曾在 17 号处所居住。印度大街 14 号数学研究国际中心 (International Centre for Mathematical Studies),曾是"现代科学之父"詹姆士·克拉克·麦克斯威尔 (James Clerk Maxwell) 的家。在一步之遥的牙买加西大街 (Jamaica Street West) 是凯的酒吧 (Kay's Bar),它是一个小型的酒馆,也是这条大街上唯一保留的 19 世纪早期的村舍。

乘车兜风

直到 1870 年大国王大街和登打士街 (Dundas Street) 的角落是最后能够雇用到轿子的地方。

皇后街与圣安德鲁广场 (Queen Street and St Andrew Square)

当您沿皇后街向上走时，您可能想要在有多种艺术和古董商店的 街逗留。带有私人花园的皇后街是詹姆士·克雷格新城最初规划的边界。

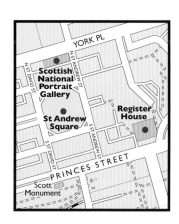

圣安德鲁广场

肖恩·康纳利，国家肖像画廊

苏格兰国家肖像画廊
(Scottish National Portrait Gallery)

您不能错过这座华丽的建筑，其灵感来自于威尼斯总督宫，因为红色邓弗里斯郡砂岩外表，并装饰有华丽的图案，整个和它周围冷静的乔治王朝的石头建筑形成鲜明的对比。苏格兰国家肖像画廊于1889年开放，是世界上第一个艺术品画廊。画家约翰·若克斯 (John Knox)、罗伯特·布鲁斯和亚当·史密斯。在其内部，William Hole 通过描绘Bannockburn 和 Largs 战役，深刻刻画了著名的苏格兰人。很可惜，由于画廊需要进行复修，2011 年才会重新开放。

户籍注册馆
(Register House)

它是爱丁堡穹顶建筑，并且是罗伯特·亚当 (Robert Adam) 最好的设计作品之一，现在是苏格兰国家档案馆的总部所在地。

圣安德鲁广场 (St Andrew Square)

该广场充满了金融公司以及一座时尚的新购物大厦。走进苏格兰皇家银行 (Royal Bank of Scotland) 参观宏伟的分布着星星的穹顶。高大的圆柱支撑首相威廉·庇特 (William Pitt) 的得力助手亨利·邓达斯 (Henry Dundas, 1st Viscount Melville) 的雕像。

迪安村 *(Dean Village)*

12 英里（20 千米）的利思河 (Water of Leith) 穿过爱丁堡的迪安村庄，流经苏格兰现代艺术画廊和迪安画廊。如果您参观这些在贝尔福特路上的画廊，那么非常值得沿着利思河漫步到这座村庄，在深深峡谷的一侧有一处非常壮观的所在，此处河流曾经为不少于 11 个水磨提供过动力。

苏格兰现代艺术国家画廊

苏格兰国家现代艺术画廊 (Scottish National Gallery of Modern Art)

这里内外都有大量的空间用于展示现代艺术中的杰出藏品。由亨利·摩尔 (Henry Moore)、Rachael Whiteread、Barbara Hepworth 和 Ian Hamilton Finlay 创作的大件作品可以在外面看到，但最吸引眼球的是查尔斯·詹克斯 (Charles Jencks) 生动的 Landform Ueda，它占据了画廊前面的草坪。儿童和成人都喜欢在分段蜿蜒的护堤上漫步，在新月形水池中的倒影分外有趣。在画廊内您将发现 Matisse、毕加索、培根、Hockney、Warhol 和 Lucien Freud，以及由 Antony Gormley、Damien Hirst、Tracey Emin 和 吉尔伯特 (Gilbert) 以及乔治 (George) 新近创作的作品。

迪安画廊 (Dean Gallery)

这里是达达主义、超现实主义以及由爱丁堡出生的雕刻家爱德华·多保罗齐国际有名的永久展品的世界级藏品，其中爱德华·多保罗齐与众不同的后现代雕刻作品可以在这座城市中心的许多地方看到。

迪安公墓 (Dean Cemetery)

这块墓地占据了迪安住宅土地，包含了一些令人惊奇的纪念作品。爱丁堡许多优秀的市民被埋葬在这里。

詹克斯的 "Landform Ueda"

史塔克布里奇
(Stockbridge)

从市中心走到史塔克布里奇村仅需要 10 分钟的行程，这是一个快乐的"村庄"充满了离奇的商店和特色。尽管维持着它与众不同的感觉，但它日益成为这座城市流行的一部分。

圣史蒂芬森大街
(St Stephen Street)
在这里您将发现各类衣服和家庭用品商店，许多商店在闲暇时开放，绝对值得一逛。仅仅在入口处就有老式肉、鱼和水果市场。

皇家植物花园
(Royal Botanic Garden)
您可以从 Inverleith Row 或植物园区 (Arboretum Place) 进入这座奇妙的花园并享受这里的依山设施。您可以坐在咖啡馆里，观赏这座城市以及对面城堡的风景。这里是个四季公园，春天有火红的杜鹃花，夏季有草本植物和开花的树木，秋季弥漫着醇香浓郁的气息。发烧友们在这里享受丰富的阿尔卑斯山美景，所有人都喜欢这个广阔的暖房。

木匠手工艺的象征

史塔克布里奇村聚居地
(Stockbridge Colonies)
这 11 条平行的鹅卵石死胡村舍房屋同由爱丁堡合作建筑公司自 1861 年开始建造。目的是为工人提供廉价住房，而且如果您看看这些房屋的山形墙，您会看到绘有不同手工艺品的雕刻板。

史塔克布里奇村聚居地

皇家植物园

卡尔顿山
(Calton Hill)

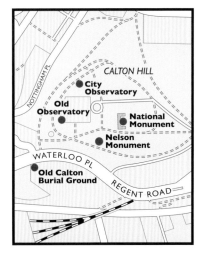

这种超现实主义的纪念碑收藏就是爱丁堡被称作"北方雅典"的原因。半建成的希腊风格的"怕台农神庙"是 William Playfair 的国家纪念碑，从 1824 年开始建造，但当资金在 1829 年花光时，剩下的部分未完成。短途但陡峭的攀登所消耗的能量绝对是值得的，不仅仅是为了这座特别的纪念碑，而且无论从那个方向都能看到整个城市美丽的风景。

旧卡尔顿公墓 (Old Calton Burial Ground)
在您爬上山岗之前，值得看看这些小规模的纪念碑和墓地，包括由罗伯特·亚当 (Robert Adam) 为哲学家大卫·休姆 (David Hume) 设计的巨大的罗马风格的陵墓，在 1776 年大卫·休姆被埋葬后，为了阻止邪恶进入他无神论者的灵魂，他的朋友们在这里守了八个夜晚。

纪念碑 (The monuments)
这座大型望远镜造型的建筑是一座 32 米（106 英尺）高的塔，以纪念在 1805 年 Trafalgar 战斗中牺牲的纳尔逊君主 (Lord Nelson)。1807 年基石的铺设高度保密，以防拥挤的人群跌落山崖。其他纪念碑大多数由 William Playfair 设计，包括一座纪念哲学家 Dugald Stewart 的巨大圆形纪念馆，以及与旧天文台相邻的城市天文台。

纳尔逊纪念碑

长久矗立的守夜

最新的纪念碑是一座黄铜顶石堆纪念碑，为那些从 1992 年 4 月 10 号到 1997 年 9 月 11 号坚守 1980 天以表示支持苏格兰议会的男男女女们而建。这座石堆纪念碑于 1998 年 4 月建成。

卡尔顿山

爱丁堡周边风景

尽管在爱丁堡有足够的风景让您欣赏，但离市中心仅几公里外也有很多有趣的风景。下面就是当中的一些。

爱丁堡动物园 (Edinburgh Zoo)

环保和环境教育在这里的议事日程中备受关注，在动物园的82英亩温带草木区中，有超过1000种稀有美丽的动物供成人和儿童参观。动物园离城西仅2.5英里（4千米）。

女王渡口 (Queensferry)

这是一个载着人们在南北女王渡口之间越过福斯湾(Firth of Forth) 达700年的渡口。当时世界上最大的桥 — 福斯铁路桥 (Forth Railway Bridge) — 在1890年开通，并成为那个时代工程奇迹之一。福斯路桥 (Forth Road Bridge) 于1964年开通。

克兰蒙德 (Cramond)

这是一座高级市场海滨村，位于市中心的西北，是穆丽尔·斯帕克 (Muriel Spark) 栩栩如生的小说《布罗迪小姐的青春》(The Prime of Miss Jean Brodie) 中布罗迪小姐 (Jean Brodie) 的爱人 Gordon Lowther 居住的地方。克兰蒙德 (Cramond) 是一个交通发达的漂亮村庄。1997年，渡船夫 Rob Graham 发现了一座母狮吃人的罗马雕塑。将这座雕塑从阿蒙德河 (River Almond) 河中打捞上来后，目前这座雕塑陈列于位于钱伯斯大街 (Chambers Street) 上的苏格兰国立博物馆内。

利思 (Leith)

从市中心乘坐一段短程公共汽车便可到达这座爱丁堡古老的港口，它是过去皇家游艇大不列颠号停泊的地方。您可以上船参观968次官方航程中皇室所居住的地方。

克兰蒙德

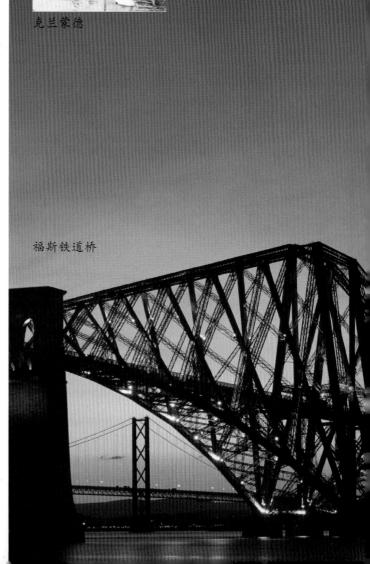

福斯铁道桥

皇家游艇"大不列颠"号

利思是拥有漂亮商店、酒吧和餐馆的繁忙海滨区。

克雷格米勒城堡城堡
(Craigmillar Castle)
克雷格米勒离市中心仅 3 英里（5 千米），是这个国家中保存最完好的中世纪城堡之一。克雷格米勒周边地区曾以"小法兰西"著称，因为在法国长大的苏格兰女王玛丽常常呆在这里。该城堡几乎肯定是那些密谋杀害她的丈夫达恩利君主的人的基地。

罗斯林礼拜堂，罗斯林
(Rosslyn Chapel, Roslin)
每一个读过宗教书籍《阴谋论》(conspiracy theory) 的人都知道这座礼拜堂，它那丰富的雕刻装饰品让人不由得思索它所隐藏的秘密。罗斯林礼拜堂位于罗斯林村，距离爱丁堡南部 6 英里（9.5 千米），由奥克尼郡王子 William St Clair 于 1446 年建造。里面有他的雕像，在他的头部周围有星星和海扇壳。看看这根"学徒柱"，据说是由一位练习生在雇主泥瓦匠不在时完成。传说这位泥瓦匠回来后因嫉妒这件雕刻品的精美而杀害了这个男孩。一个带有极大创伤 的头部雕塑讲述了这个悲哀的故事。

罗斯林教堂

29

信息

关于步行、旅行、旅游以及在爱丁堡要看什么和做什么的所有全新信息，都可以在旅游信息中心找到。

旅游和旅行

下列及许多其他旅游信息可以在旅游信息中心或登陆 www.edinburgh.org 找到。

许多（并且常引起惊慌的）主题徒步旅行包括：墓园、便帽和巫术游、老烟城游 (Auld Reekie Tour)、梅尔卡游 (Mercat Tours)、画谜游、Geowalks、利思步行游、爱丁堡文学酒吧游 (Edinburgh Literary Pub Tour)。

敞篷巴士游提供从韦弗利桥 (Waverley Bridge) 定点出发的城市周围兜风，可随处上下车。您可以在桥边售货亭或汽车上买票。

约 3 小时轻松环游新老城区。

旅游客车

博物馆、画廊和历史遗址

暗房 0131 226 3709, www.camera-obscura.co.uk;
迪安画廊 0131 624 6200, www.nationalgalleries.org;
动感地球 0131 550 7800, www.dynamicearth.co.uk;
爱丁堡城堡 0131 225 9846, www.edinburghcastle.biz;
乔治王朝住所 0844 493 2100, www.nts.org.uk;
格莱斯顿田野 0844 493 2120, www.nts.org.uk;
童年博物馆 0131 529 4142, www.edinburgh.gov.uk;
爱丁堡博物馆 0131 529 4143, www.edinburgh.gov.uk;
土墩博物馆 0131 243 5464, www.museumonthemound.com;
苏格兰国家画廊 0131 624 6200, www.nationalgalleries.org;
苏格兰国家图书馆 0131 623 3700, www.nls.uk;
苏格兰国家博物馆 0131 225 7534, www.nms.ac.uk;
苏格兰国家战争博物馆 0131 247 4413, www.nms.ac.uk/war_museum;
圣十字架宫 0131 558 1700, www.royalcollection.org.uk;
人民的故事 0131 529 4057, www.edinburgh.gov.uk;
女王画廊 0131 556 5100, www.royal.gov.uk;
皇家植物花园 0131 552 7171, www.rbge.org.uk;
苏格兰皇家学院 0131 225 6671, www.royalscottishacademy.org;
苏格兰国家现代艺术画廊 0131 624 6558, www.nationalgalleries.org;
苏格兰国家肖像画廊（2011 年才重开）0131 624 6200, www.nationalgalleries.org;
苏格兰议会大楼 0131 384 5000, www.scottish.parliament.uk;
苏格兰故事讲述中心与约翰·若克斯住宅 0131 556 2647, www.scottishstorytellingcentre.co.uk;
苏格兰威士忌体验 0131 220 0441, www.scotchwhiskyexperience.co.uk;
作家博物馆 0131 529 4901, www.edinburgh.gov.uk

地名索引

格莱斯顿之家

苏格兰信息中心 ⓘ
3 Princes Street,
Edinburgh EH2 2QP
电话：0845 2255 121
网址：www.edinburgh.org

购物便利机动车
在商场内为那些 ♿
行动不便的人提供电动
轮椅和踏板车。
圣安德鲁广场
(St Andrew Square)
预定电话：0131 225 9559

五月幽灵节

亚瑟宝座 16
卡尔顿山 27
暗房 5
考盖特 12–13
考盖特教会 13
城堡岩 5
夏洛特广场 22
考盖特 11
克雷格米勒城堡 29
克兰蒙德 28
迪安公墓 25
迪安画廊 25
迪安村 25
动感地球 13
爱丁堡城堡 6–7
爱丁堡动物园 28
福斯桥 28
乔治大街 22
乔治王朝住所 22
格莱斯顿田野 8
格拉斯市场 8–9
忠狗巴比 10
格雷弗利尔斯教堂墓地
　10–11
米德洛锡安监狱 17
圣十字架公园 16
圣十字架宫 14–15
中枢 9
詹纳斯百货公司 22
约翰·若克斯住所 13
约翰·默里档案 9
草坪市场 8–9
利思 28–29
芒斯蒙哥 7
莫瑞区 23
土墩 4–5
童年博物馆 13
爱丁堡博物馆 13
土墩博物馆 17

苏格兰国家画廊 4
苏格兰国家博物馆 11
苏格兰国家战争博物馆 7
老卡尔顿公墓 27
旧天文台 27
佩斯利围场 13
国会广场 17
人民的故事 13
王子大街 20–21
王子大街花园 21
皇后街 24
女王画廊 15
女王渡口 28
拉姆齐花园 5
注册馆 24
罗斯林礼拜堂 29
皇家植物花园 26
皇家马戏团 21
皇家麦尔大道 8, 12–13, 17
苏格兰皇家学院 4
索尔兹伯里峭壁 16
斯科特纪念碑 20
苏格兰国家现代艺术画廊
　25
苏格兰国家肖像画廊 24
苏格兰国家战争纪念碑 7
苏格兰议会大楼 15
苏格兰故事讲述中心 12
苏格兰威士忌体验 8
圣安德鲁广场 24
圣伊莱斯大教堂 17
圣玛格丽特礼拜堂 7
圣斯蒂芬大街 26
史塔克布里奇村 26
史塔克布里奇村聚居地 26
维多利亚大街 9
利思河 26
西弯 9
作家博物馆 8

封面：爱丁堡城堡
封底：苏格兰舞者

致谢

摄影：Neil Jinkerson© Pitkin 出版有限公司 (Pitkin Publishing Ltd)。诚谢下列单位和个人提供的其它图片：Alamy: FC (KC 摄影)，23cl (Ange), 19l, 27b (罗伯特·哈丁图片图书馆), 26cr (Stock 图像), 28/29 (BL 图像有限公司), 29t (科林·帕默摄影), 29cr (斯图亚特步行者), 30t (伯尼·皮尔森); 布里吉曼艺术图书馆 (Bridgeman Art Library): 4t (苏格兰国家画廊), 14cl (维多利亚和阿尔贝特博物馆); 苏格兰史诗: BC (Ashley Coombes); 苏格兰国家博物馆: 11cl; 苏格兰国家信托: 22bl; 尼克与乔坏电影俱乐部: 19t; 我们的动感地球企业有限公司: 13br; 苏格兰国家肖像画廊: 24tl。

出版商特此感谢苏格兰旅游局 (Visit Scotland) 的琳达·高尔特 (Linda Galt) 以及迈克尔·莫里森 (Michael Morrison) 为本指南的准备工作提供的协助。

编者：Annie Bullen；作者有权维护自己的精神权利。
编辑：Angela Royston。
设计：Simon Borrough。
图片研究：Jan Kean。
由英国 The Translation People (伯明翰) 公司翻译
由英国 Map Studio 公司 Romsey, Hants 提供地图；
© 乔治飞利浦有限公司 (George Philip Ltd) 提供制图。

按 © Pitkin 出版有限公司 2018 规格出版。

付梓时所有信息均准确无误，但也会有所改变。

英国印刷
ISBN 978-1-84165-231-3   3/18

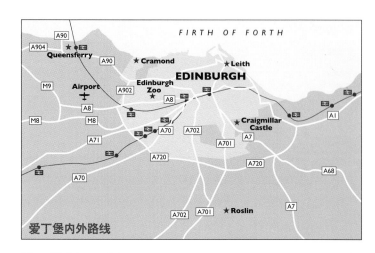

爱丁堡内外路线

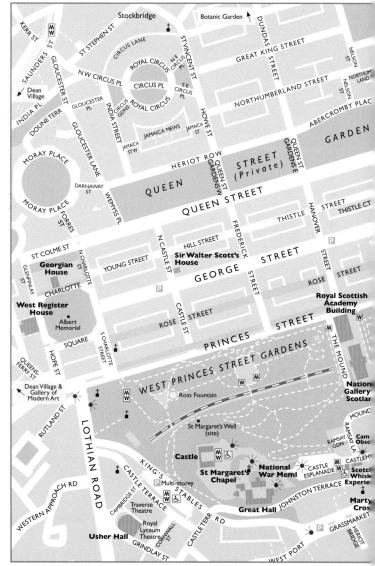